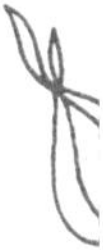

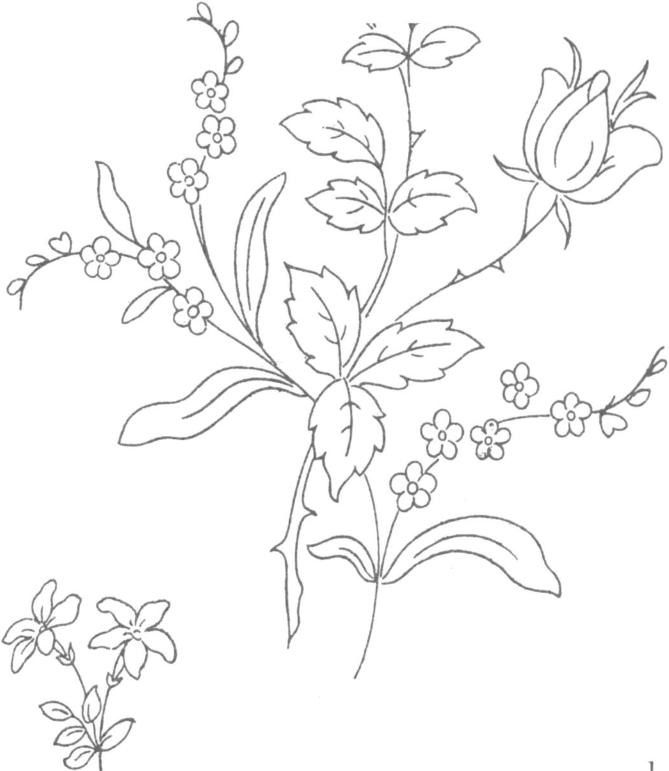

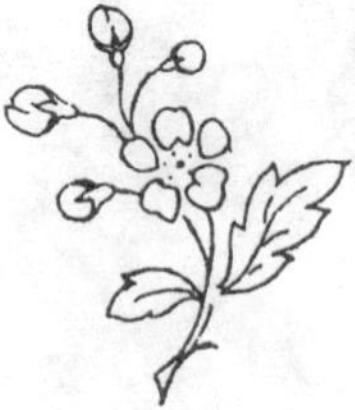

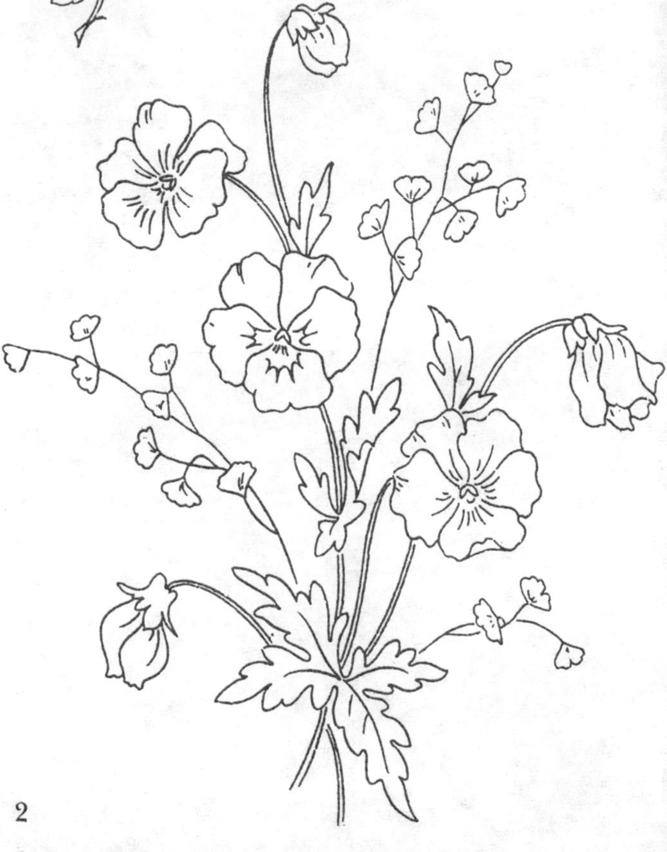

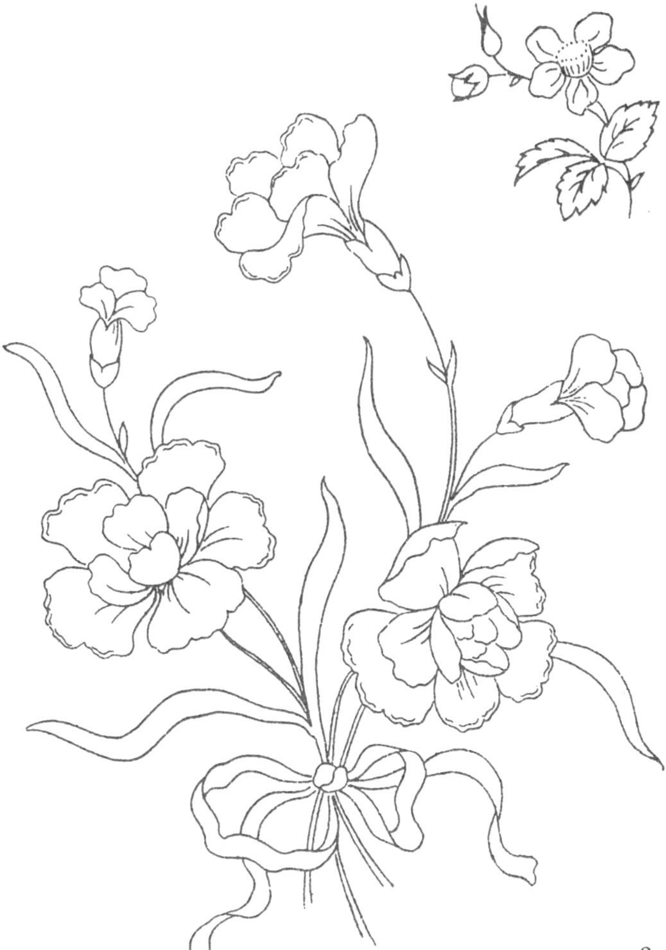

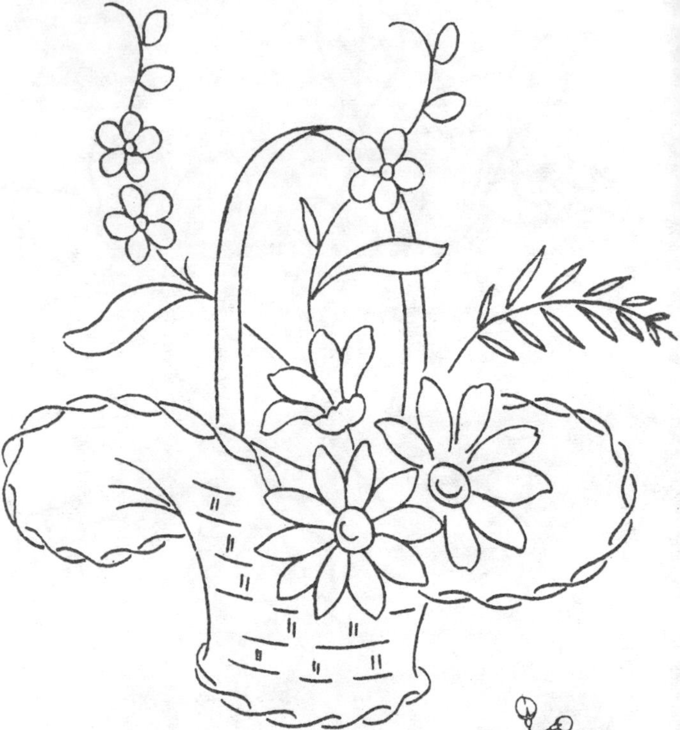

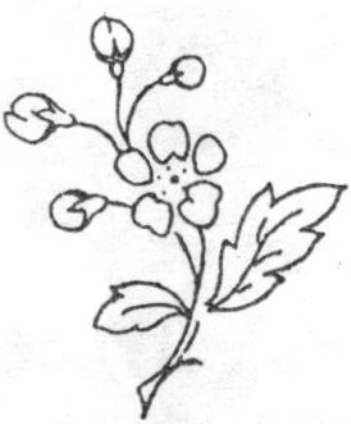

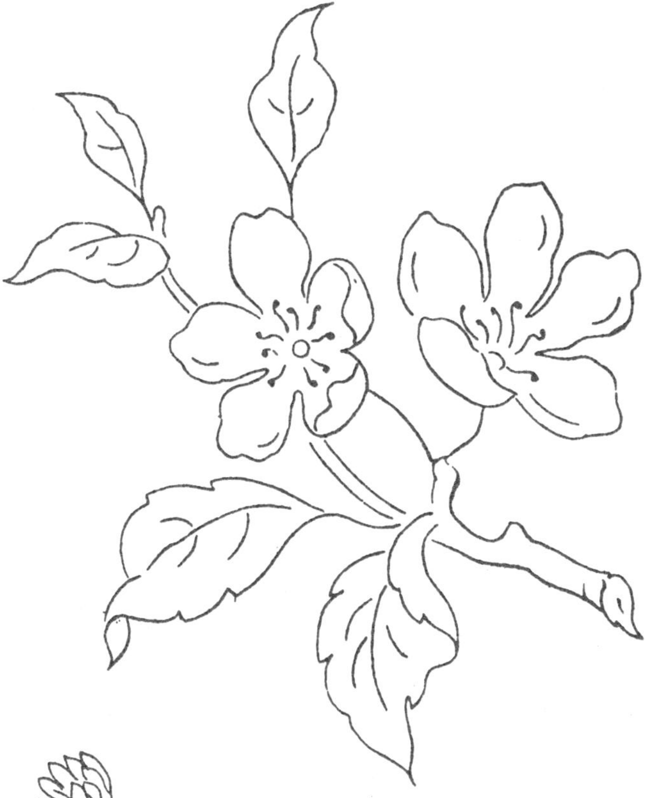

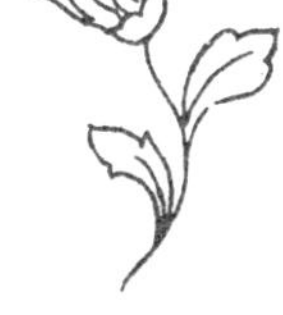

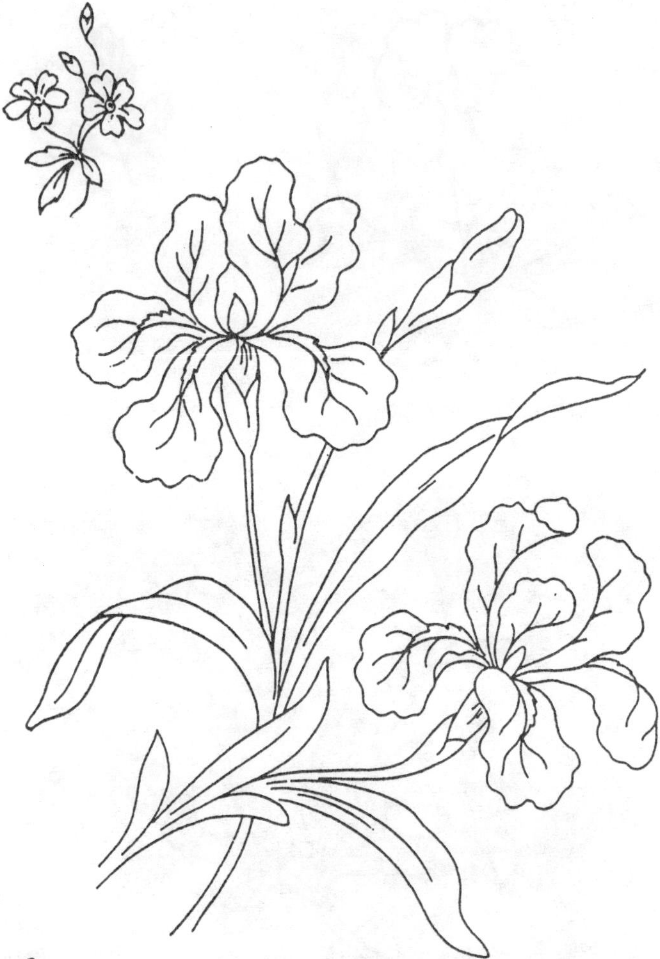

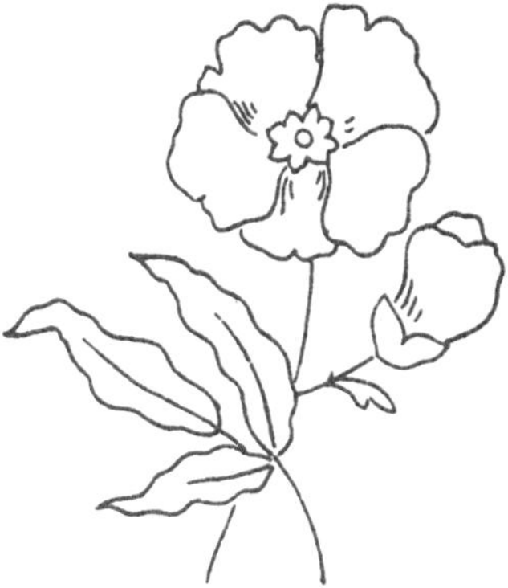

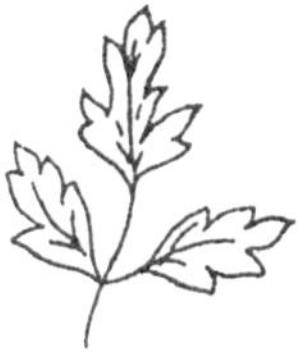

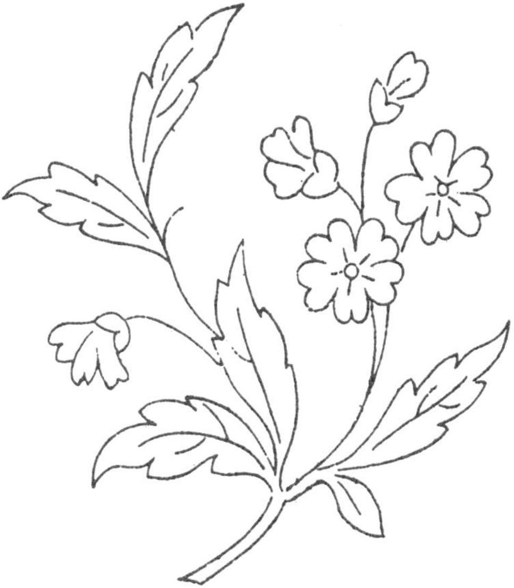

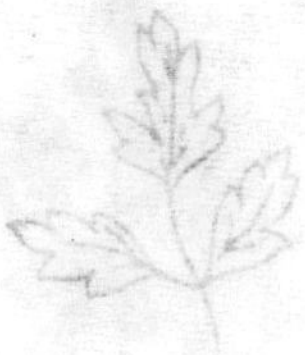

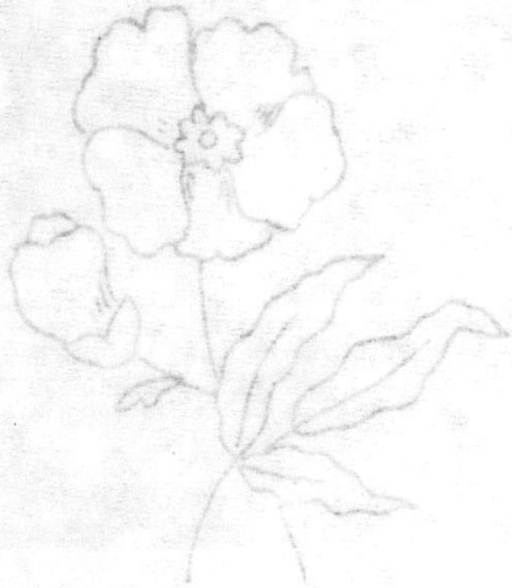

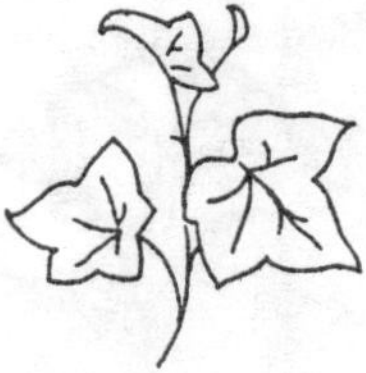

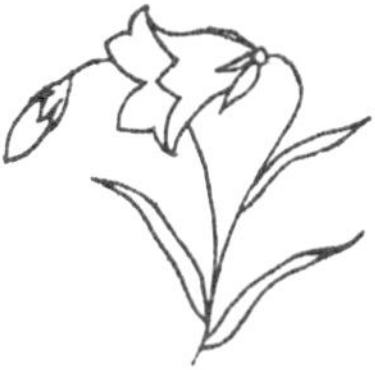

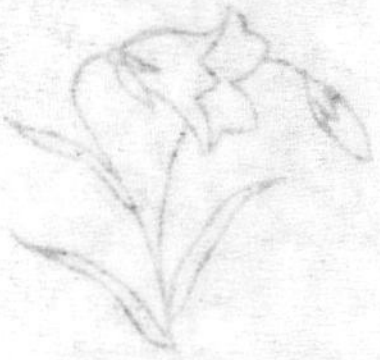

e

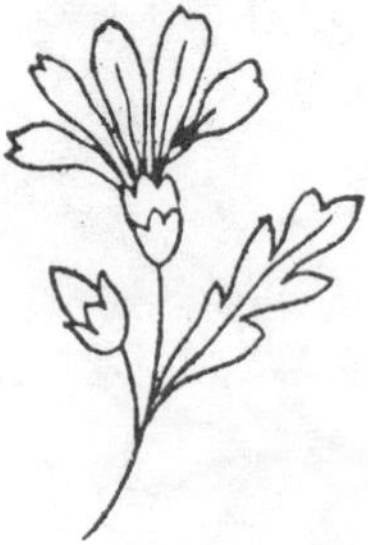

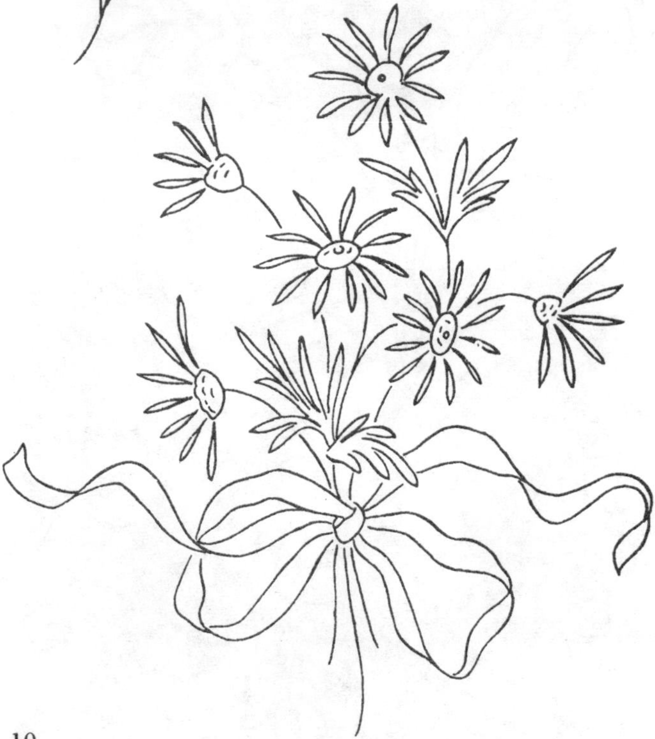

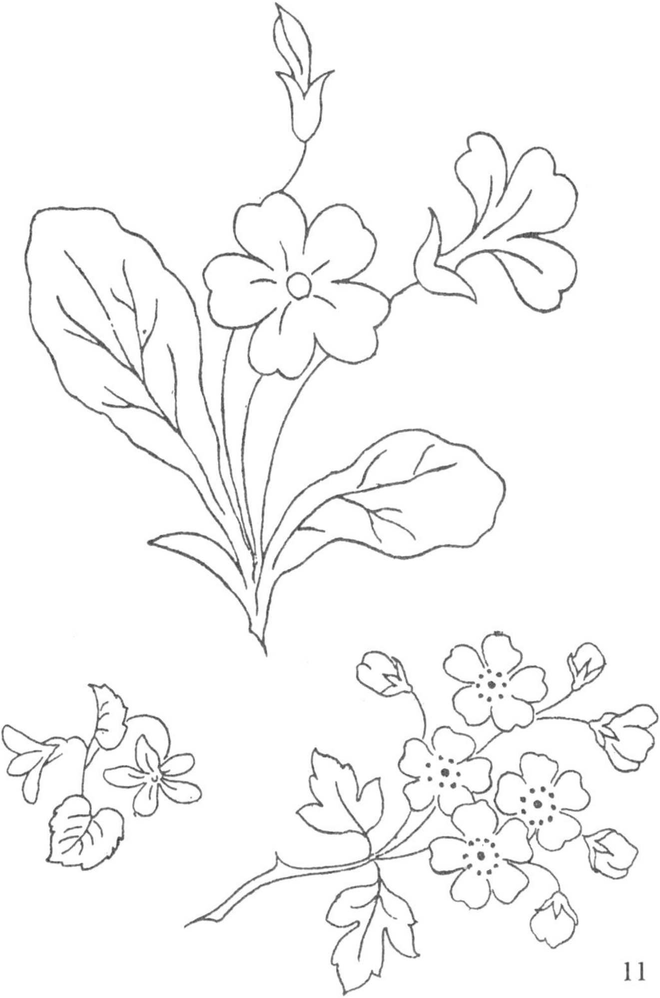

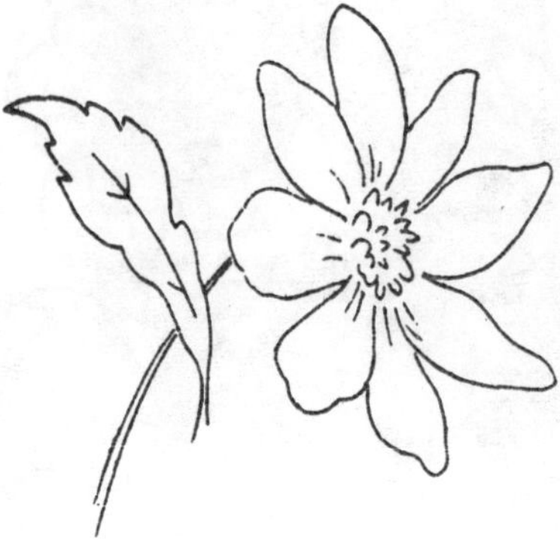

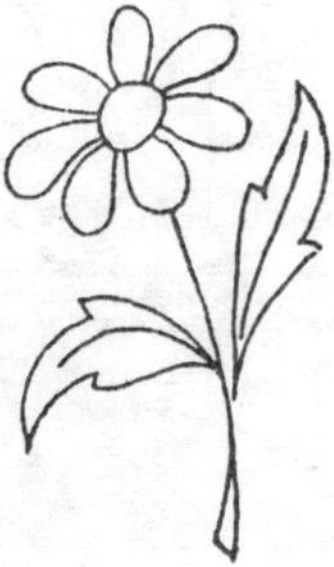

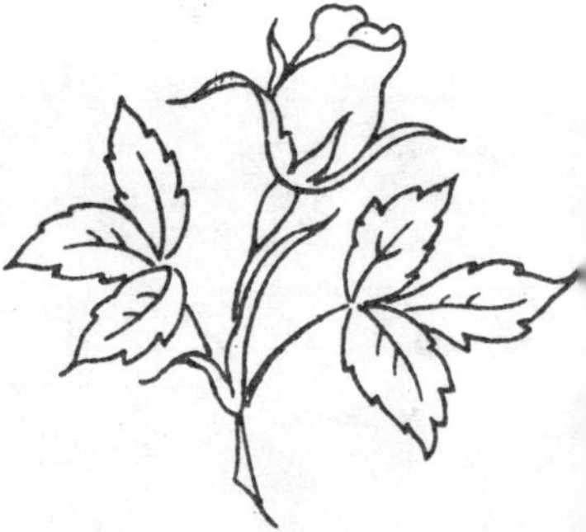

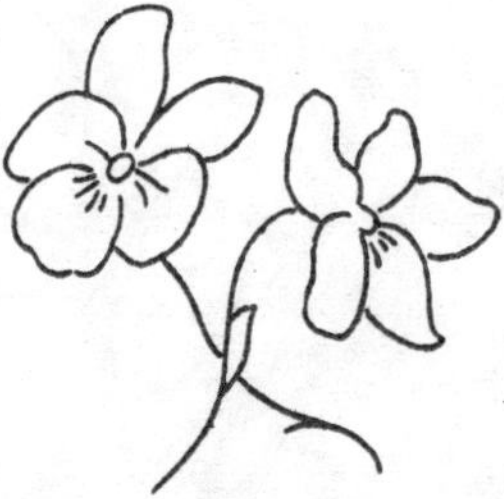

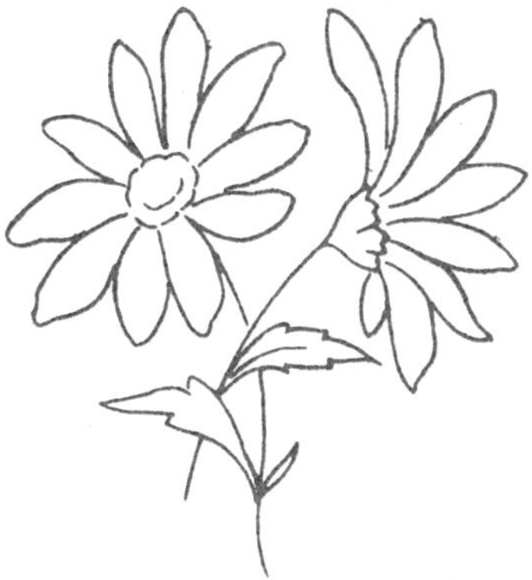
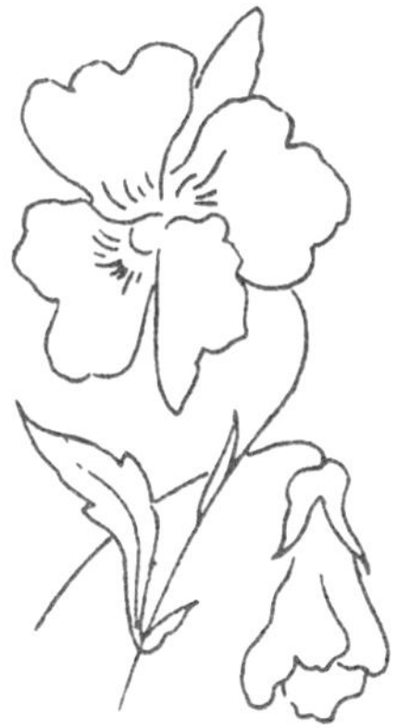
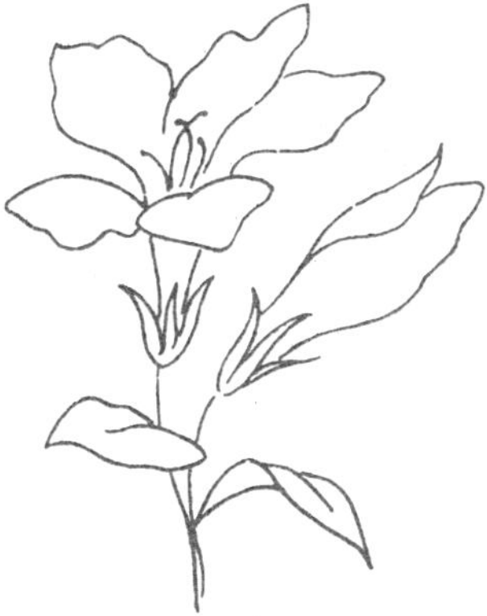
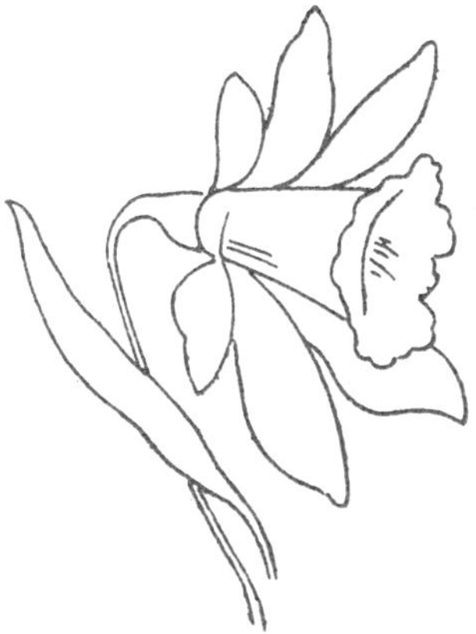

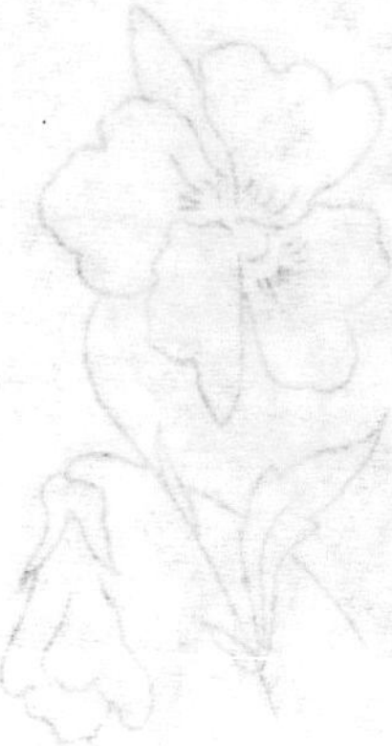

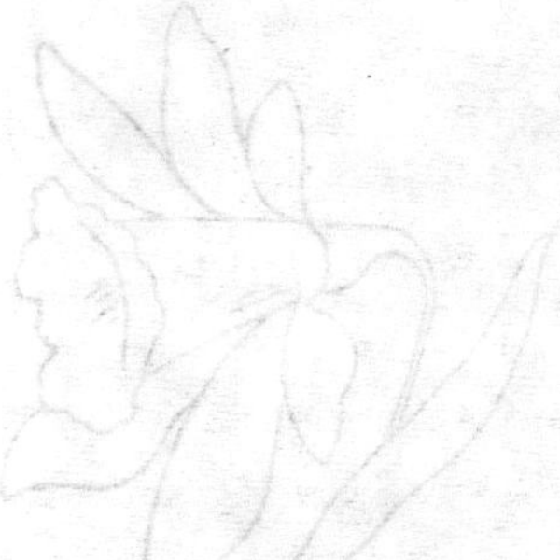

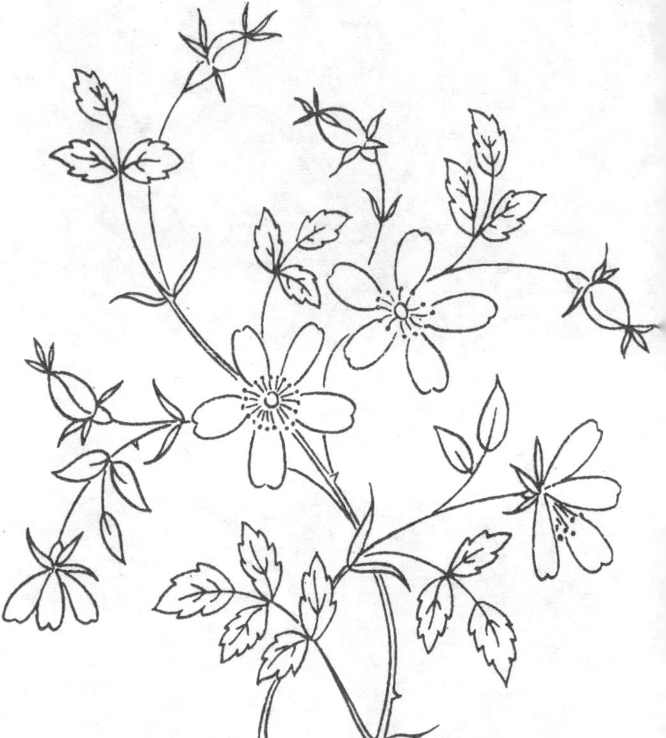

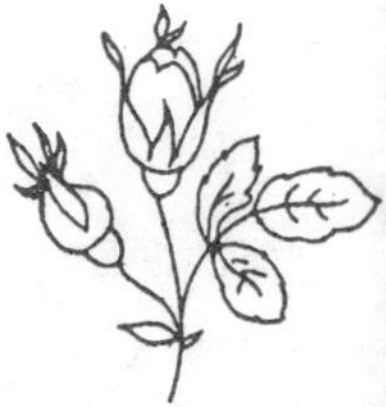

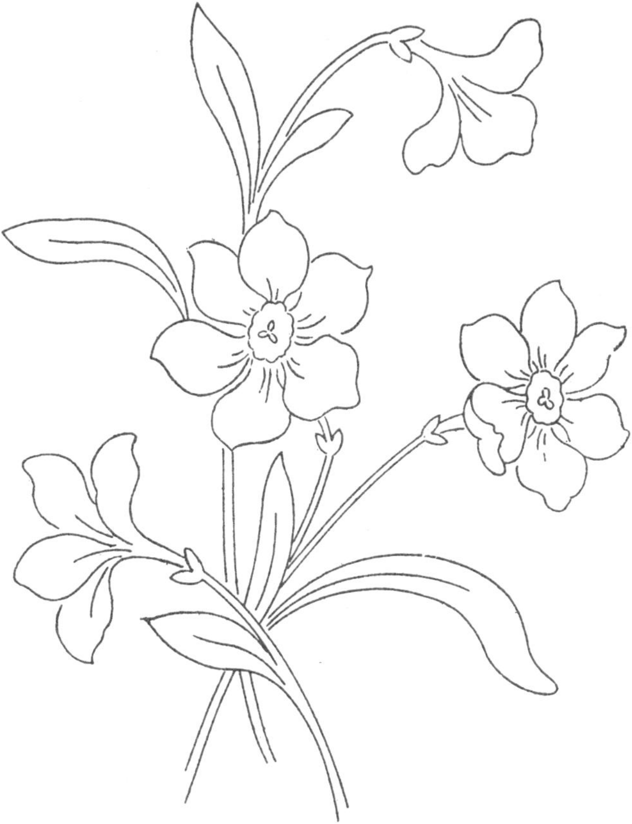

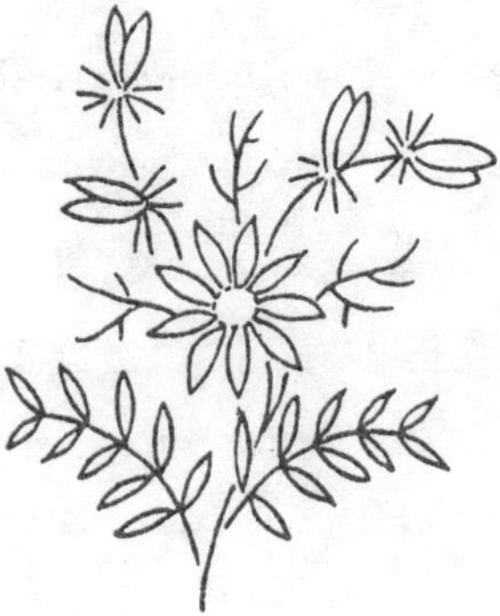

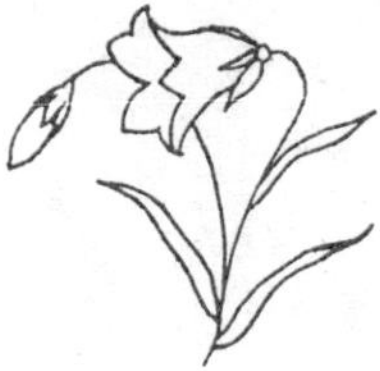

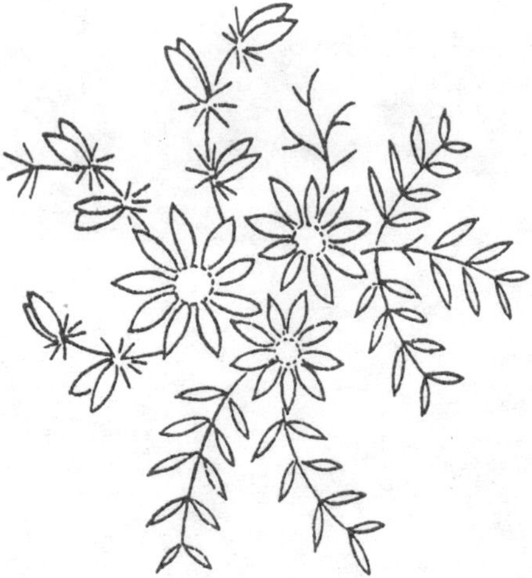